Ymladdwyr Tân

Katie Daynes

Dyluniwyd gan Katrina Fearn a
Josephine Thompson

Darluniau gan Christyan Fox

Addasiad Cymraeg: Elin Meek

Cynghorydd technegol y Frigad Dân: Andy Pickard
Ymgynghorydd darllen: Alison Kelly, Prifysgol Roehampton

Gwaith ymladdwr tân

Ymladd tanau ac achub pobl yw gwaith ymladdwyr tân. Maen nhw'n helpu os oes argyfwng arall hefyd.

Mae ymladdwyr tân yn rhoi eu bywyd mewn perygl i achub pobl eraill.

Mae'r ymladdwyr tân hyn yn ceisio diffodd tân enfawr.

Ysgol dân

Mae ymladdwyr tân yn mynd i ysgol dân i ddysgu sut mae gwneud eu gwaith. Wedyn maen nhw'n mynd i orsaf dân ac yn dysgu rhagor o sgiliau.

Yn yr ysgol dân, mae ymladdwyr tân yn dysgu sut mae defnyddio ysgolion.

Maen nhw'n dysgu sut mae diffodd tân â dŵr neu ewyn.

Hefyd maen nhw'n dysgu sut mae trin pobl sydd wedi cael anaf.

Maen nhw'n
cadw'n heini
unwaith y dydd
yn yr orsaf dân.

Mae tŵr hyfforddi
mewn gorsaf dân
fel arfer.

Mae gan ymladdwyr tân ysgolion a phibellau i
gyrraedd gwahanol loriau'r tŵr.

Dillad diogel

Mae tân yn llosgi popeth, bron. Felly rhaid i ymladdwr tân wisgo dillad arbennig i'w warchod ei hunan.

Mae'n gwisgo trowsus trwchus ac esgidiau mawr trwm.

Mae siacedi trwchus yn atal y fflamau rhag llosgi'r ymladdwr tân.

Cwfl mwg

Mae cwfl mwg a helmed yn gwarchod y pen.

Wedyn maen nhw'n gwisgo menig trwchus fel nad yw eu dwylo'n llosgi.

Pan fydd llawer o fwg, mae'r ymladdwr tân yn defnyddio masg anadlu.

Mae streipiau llachar ar eu siwtiau'n helpu'r ymladdwyr i weld ei gilydd yn y tywyllwch.

Mae gwadnau metel gan yr esgidiau i warchod y traed.

Mae ymladdwyr tân yn gadael eu hesgidiau yn eu trowsus er mwyn gallu eu gwisgo'n gyflym.

Yn yr orsaf

Drwy'r dydd a thrwy'r nos, rhaid i ymladdwyr tân fod yn barod i ateb galwad frys.

Mae tîm yn dod i'r gwaith ac yn gweld yr arweinydd.

Maen nhw'n edrych dros yr injans tân, y pibellau a'r offer.

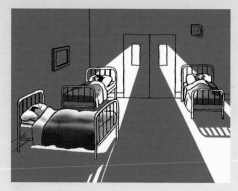

Maen nhw'n cael bwyd yng nghegin yr orsaf dân.

Mae'r rhai sy'n gweithio'r nos yn cysgu yn yr orsaf dân.

Mewn argyfwng, mae larwm yn canu ac mae'r golau'n cynnau.

Mae'r ymladdwyr tân yn gwisgo ac yn rhuthro at yr injans.

Mae'r injans yn mynd ar frys gyda'r goleuadau'n fflachio a'r seirenau'n udo.

Injans tân

Mae dŵr ac ysgolion ar injans tân fel arfer.

Mae'r
pibellau'n
cael eu
cadw yma.

Mae'r dŵr mewn tanc
mawr yn yr injan.

Mewn argyfwng, mae ymladdwyr tân yn
cael gyrru'n gyflymach na phawb arall.

Mae gyrwyr yn clywed seiren ac yn gweld goleuadau'r injan.

Maen nhw'n stopio ar ymyl y ffordd i'r injan gael mynd heibio.

Mae ysgol hir ac ysgol fer ar do'r injan dân hon.

Mae'r gyrrwr a'r ymladdwyr tân eraill yn teithio yn y blaen.

Mae pobl yn gweld streipiau llachar yr injan mewn traffig prysur.

Llwyfannau tal

Injan dân gyda llwyfan ar ben braich fetel hir yw injan lwyfan.

Mae pedair coes gan yr injan. Maen nhw'n cadw'r injan rhag symud.

Mae'r gyrrwr yn defnyddio lifer i godi'r llwyfan.

Mae'r fraich fetel yn ymestyn ac yn codi'r ymladdwr tân uwchben y tân.

Mae'r ymladdwr tân hwn yn chwistrellu dŵr ar adeilad sy'n llosgi oddi tano.

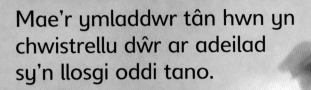

Mae'n gwisgo masg anadlu fel nad yw'n anadlu gormod o fwg.

Mae rhai llwyfannau'n gallu cyrraedd llawr uchaf adeiladau tal iawn.

13

Gwaith achub

Os oes pobl mewn adeilad sy'n llosgi, gwaith cyntaf yr ymladdwr tân yw eu hachub nhw.

Mae ymladdwyr tân yn gwisgo masgiau anadlu a thanciau aer.

Maen nhw'n ysgrifennu eu henwau i ddweud eu bod nhw'n mynd i mewn i'r tân.

Wedyn maen nhw'n mynd i mewn i'r adeilad, gan lusgo llinyn y tu ôl iddyn nhw.

Fel arfer, mae llawer
o fwg mewn adeiladau
sy'n llosgi.

Camera
gwres

Mae ymladdwyr
tân yn defnyddio
camerâu gwres i ddod
o hyd i bobl sy'n sownd.

Mae'r camera'n 'gweld'
gwres corff y bobl ac yn
dangos lle maen nhw.

Wedyn mae'r
ymladdwyr yn dilyn y
llinyn i fynd allan eto.

15

Ymladd tanau

Os nad oes angen achub neb, mae'r ymladdwyr tân yn ceisio diffodd y tân yn ddiogel.

Maen nhw'n ymladd tanau mawr o'r tu allan i'r adeiladau.

Mae dwy injan yn mynd i'r rhan fwyaf o danau. Ond os oes tân enfawr, rhaid galw ar injans eraill.

Mewn tân bach, mae'r ymladdwyr tân yn rhoi pibell wrth yr injan dân ac yn cael dŵr o'r tanc.

Mewn tân mawr, maen nhw'n cael dŵr o hydrant tân a phibennau o dan y ddaear.

Yn y tywyllwch, mae'r ymladdwyr tân yn codi mastiau golau er mwyn gweld yn well.

Tanau coedwig

Mae'n anodd diffodd tanau coedwig oherwydd bod coed yn llosgi mor hawdd.

Yn aml, pobl ddiofal sy'n dechrau tanau coedwig.

Os yw hi'n sych ac yn wyntog, mae tanau'n ymledu'n gyflym.

Mae'r tân hwn wedi mynd yn wyllt. Bydd yr ymladdwyr tân yn galw am awyren neu hofrennydd i'w helpu.

Mae'r hofrennydd yn cario bwcedi enfawr o ddŵr i danau coedwig.

Maen nhw'n hofran ac yn gollwng dŵr ar y fflamau.

Mae awyrennau bomio dŵr yn codi dŵr o lynnoedd mawr neu'r môr ac yn ei ollwng ar danau coedwig.

Môr ac awyr

Mae tanau'n gallu digwydd unrhyw le. Maen nhw'n gallu bod o dan y ddaear, yn yr awyr ac ar y môr, hyd yn oed.

Mae'r cychod tân hyn yn chwistrellu dŵr ar dân ar dancer olew.

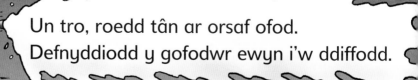

Un tro, roedd tân ar orsaf ofod. Defnyddiodd y gofodwr ewyn i'w ddiffodd.

Mae golau'n rhoi rhybudd i'r peilot fod ei awyren ar dân. Mae'n galw'r maes awyr ac yn paratoi at lanio.

Mae rhai ymladdwyr tân yn helpu'r teithwyr i lithro i ddiogelwch tra mae'r lleill yn diffodd y tân.

Mae injans tân mewn maes awyr bob amser. Maen nhw'n gallu chwistrellu ewyn ar dân o bell.

Damweiniau

Mae ymladdwyr tân yn helpu ar ôl damweiniau ffordd. Mae ganddyn nhw offer pwerus sy'n torri drwy fetel.

Mae car wedi taro coeden ac mae'r gyrrwr yn sownd.

Mae'r ymladdwyr tân yn cyrraedd gydag offer torri.

Maen nhw'n torri'r to ac yn helpu'r gyrrwr allan.

Mae tryc sy'n cario
tanwydd wedi crasio
a dymchwel.

Mae'n rhaid chwistrellu
ewyn ar y tanwydd i
stopio tân.

Mae'r ymladdwyr tân hyn yn
dysgu sut i dorri i mewn
i gar i achub pobl.

Trychinebau naturiol

Ar ôl daeargryn neu storm, mae ymladdwyr tân yn gallu bod yn ddefnyddiol iawn.

Mae'r tai hyn wedi dymchwel ar ôl daeargryn. Mae'r ymladdwyr tân yn cadw'r rwbel yn wlyb fel nad oes tân yn dechrau.

Mewn storm, mae mellt yn gallu cynnau tân ond mae'r glaw'n aml yn ei ddiffodd.

Mae'r ymladdwyr tân hyn wedi mynd i helpu pobl mewn tref sydd o dan lifogydd.

Mae perygl i bobl pan fydd llifogydd yn digwydd yn gyflym.

Mae ymladdwyr tân yn dod â siacedi achub a chwch.

Hyn a'r llall

Mae ymladdwyr tân yn gallu helpu gyda llawer o bethau gwahanol.

Maen nhw'n achub pobl sy'n sownd mewn lifftiau.

Maen nhw hyd yn oed yn achub pobl sy'n sownd mewn rheiliau.

Mae rhai ymladdwyr tân yn gallu helpu pobl sy'n sownd ar iâ.

Mae'r ymladdwr
tân yn achub
dyn sydd wedi
cael anaf.

Mae'n dod â'r dyn i lawr
weiren fel ei fod yn ddiogel.

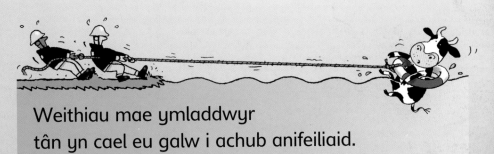

Weithiau mae ymladdwyr
tân yn cael eu galw i achub anifeiliaid.

Ers talwm a nawr

Dros y blynyddoedd, mae ymladd tanau wedi newid, ond mae tân yn dal i fod yn beryglus.

Cafodd y tîm cyntaf o ymladdwyr tân ei sefydlu yn Rhufain, dros fil o flynyddoedd yn ôl.

Ganrifoedd yn ôl, roedd pobl yn ymladd tanau drwy basio bwcedi o ddŵr ar hyd llinell.

Certiau'n cario pympiau dŵr oedd yr injans tân cyntaf. Ceffylau oedd yn eu tynnu nhw.

Roedd ymladdwyr tân yn arfer cadw cŵn
Dalmatian i warchod eu ceffylau. Nawr
maen nhw'n eu cadw i gael lwc dda.

Mae injans tân modern yn helpu
ymladdwyr tân i ddiffodd tanau
cyn gynted â phosib.

Geirfa dân

Dyma rai o'r geiriau yn y llyfr hwn sy'n newydd i ti, efallai. Mae'r dudalen hon yn rhoi ystyr y geiriau i ti.

 argyfwng – sefyllfa beryglus lle mae angen help ychwanegol.

 tŵr hyfforddi – adeilad tal lle mae ymladdwyr tân yn ymarfer.

 masg anadlu – masg sy'n rhoi aer i ymladdwr tân ei anadlu yn lle mwg.

 seiren – dyfais sy'n gwneud sŵn uchel. Mae seiren ar injan dân.

 tanc aer – cynhwysydd o aer, wedi'i gysylltu â masg anadlu ymladdwr tân.

 camera gwres – camera sy'n 'gweld' gwres ac yn ei ddangos fel llun.

 hydrant tân – piben arbennig i ymladdwyr tân ei defnyddio i gael dŵr o dan ddaear.

Gwefannau diddorol

Os oes gen ti gyfrifiadur, rwyt ti'n gallu dysgu rhagor am ymladdwyr tân ar y Rhyngrwyd.

I ymweld â'r gwefannau hyn, cer i **www.usborne-quicklinks.com**.

Caiff y gwefannau hyn eu hadolygu'n gyson a chaiff y dolenni yn 'Usborne Quicklinks' eu diweddaru. Fodd bynnag, nid yw Usborne Publishing yn gyfrifol, ac nid yw chwaith yn derbyn atebolrwydd, am gynnwys neu argaeledd unrhyw wefan ac eithrio'i wefan ei hun. Rydym yn argymell i chi oruchwylio plant pan fyddant ar y Rhyngrwyd.

Mae'r ymladdwyr tân hyn yn reidio ar ochr allan tryc. Maen nhw'n barod i neidio i ffwrdd pan fyddan nhw'n cyrraedd tân.

Mynegai

Cydnabyddiaeth

Trin ffotograffau: John Russell

Cynllun y clawr: Zoe Wray

Cydnabyddiaeth lluniau
Mae'r cyhoeddwyr yn ddiolchgar i'r canlynol am ganiatâd i atgynhyrchu deunydd:
© **Alvey & Towers** 10–11; © **Age Fotostock/Superstock** Clawr; © **CORBIS** teitl (James L. Amos),
2–3 (Bill Stormot), 9 (J. Barry O'Rourke), 18 (John M. Roberts), 19 (Yves Forestier/Sygma),
20 (Najlah Feanny/Saba), 21 (George Hall), 24 (Roger Ressmeyer), 25 (Kent News & Picture/Sygma),
31 (Dihawlfraint); © **Getty Images** 23 (Donovan Reese); © **Powerstock** 7, 16;
© **www.shoutpictures.com** 13, 15, 17, 29

Gyda diolch i
Rosie Kinchen, Jon Costello ym Maes Awyr Dinas Sheffield a Ty Robinson
yng Ngorsaf Dân Bethnal Green

Cyhoeddwyd gyntaf yn 2004 gan Usborne Publishing Ltd., Usborne House,
83–85 Saffron Hill, London EC1N 8RT.
Cyhoeddwyd gyntaf yng Nghymru yn 2014 gan Wasg Gomer, Llandysul, Ceredigion SA44 4JL.
www.gomer.co.uk
Cyhoeddwyd gyda chefnogaeth Llywodraeth Cymru.
Cedwir pob hawl. Argraffwyd yn China.